NÉCROLOGIE

Sœur Marie-Antoinette VERGNOL

RELIGIEUSE DE LA VISITATION

AU PUY

LE PUY

IMPRIMERIE J.-M. FREYDIER

PLACE DU BREUIL

1884

NÉCROLOGIE

Sœur Marie-Antoinette VERGNOL

RELIGIEUSE DE LA VISITATION

AU PUY

LE PUY

IMPRIMERIE J.-M. FREYDIER

PLACE DU BREUIL

—

1884

VIVE JÉSUS !

*brégé de la vie et des vertus de Notre Très-Honorée
et regrettée Mère Marie-Antoinette Vergnol, décédée
en ce monastère de la Visitation Sainte-Marie du
Puy, le 17 octobre 1881, âgée de cinquante ans, de
profession trente ans, du rang des sœurs choristes.*

> Mon bien-aimé est à moi et
> je suis toute à lui.

Ces paroles, tirées de nos Saints Livres,
ésument à elles seules la vie de notre angé-
ique Mère ; du berceau à la tombe elle fut tou-
ours à son Dieu, et Dieu fut toujours son
nique bien.

Elle naquit à Brioude, chef-lieu d'arrondis-
ement du diocèse du Puy, en l'année 1832,
t reçut au saint baptême le nom d'Anastasie.
Sa famille jouissait de la plus légitime consi-
dération ; il suffit, en effet, de rappeler qu'elle
a donné trois ministres à l'Eglise, et une vierge
au cloître, pour montrer combien elle méritait à
uste titre l'estime publique.

« Rien ne vaut une bonne éducation mater-
« nellement chrétienne » a dit un auteur ;
Anastasie eut l'heureuse fortune de rencontrer

au foyer domestique de continuels exemples d'a
mour et de crainte de Dieu, sa jeune âme en f
profondément impressionnée ; et rien qu'e
voyant le charme irrésistible qu'exerçaient su
elle les leçons d'une pieuse mère, on pouva
déjà entrevoir les hauts degrés de vertu aux
quels, plus tard, elle devait parvenir.

Sensible et aimante, ces deux mots caracte
risent le naturel de notre Mère aux jours d
son enfance ainsi qu'aux autres époques de s
vie. Le plus léger reproche, qu'il fut mérité c
non, lui était extrêmement à cœur. La sensibili
qu'elle en éprouvait, arrivait parfois à un t
degré, que sa constitution frêle et nerveuse e
subissait de fâcheux contre-coups. C'est ain
qu'ayant été un jour un peu trop vivemer
contrariée par ses frères, avec lesquels elle s
livrait à des jeux enfantins, elle tomba éva
nouie et ne reprit connaissance qu'après avo
reçu de nombreux soins. Cette crainte exagé
rée des reproches produisait néanmoins d'heu
reux résultats ; elle faisait agir notre aimabl
enfant de manière à éviter, le plus possible
toute occasion de causer de la peine à ses pieu
et bien-aimés parents. Elle s'appliquait surtou
à contenter sa bonne mère ; le caractère extrê
mement vif de cette digne femme la portai

uelquefois à des saillies de mauvaise humeur, ais il s'adoucissait comme par enchantement à vue de l'humble douceur et de la parfaite sou- ission de sa chère fille. Aussi Anastasie fai- it-elle la joie et l'ornement de la maison pa- rnelle. C'était à qui la caresserait davantage son père, de sa mère, de ses frères et de ses eurs. Notons, en passant, l'affection toute éciale que lui portait sa sœur aînée, et les ndres prévenances qu'elle en recevait. Jusqu'à fin de sa vie, notre très digne Mère ne cessa nous raconter les bontés de cette sœur à son gard, et en l'entendant parler on découvrait sément combien elle y avait été sensible, et mbien elle en conservait un profond et recon- aissant souvenir. Messieurs ses frères eurent galement et toujours une place bien distinguée ans le cœur de notre bonne Mère, mais cette ffection n'altéra jamais en elle l'esprit reli- ieux et ne lui fit jamais enfreindre aucune de os saintes règles.

Dès l'âge de trois ans, la jeune Anastasie fut onfiée aux soins des Religieuses de Fonte- rault, qui ont, à Brioude, un établissement pour éducation de la jeunesse. Ces dignes servantes e Dieu, malgré l'austérité de leur règle, se vrent avec ardeur aux fatigues de l'ensei-

gnement, et Dieu seul connaît tout le bi[en]
qu'elles font aux jeunes personnes confiées [à]
leur tendre sollicitude. Parmi les religieuses il [y]
avait à cette époque une tante d'Anastasie. -

Ce qu'elle était au sein de sa famille, c'es[t]
à-dire soumise et aimable, la jeune enfa[nt]
continua de l'être au pensionnat. Douée d'un[e]
intelligence très précoce et de la plus heu[-]
reuse des mémoires, elle s'adonna à l'étu[de]
dans la mesure du possible ; aussi, loin d'êt[re]
obligés de stimuler son ardeur pour le tra[-]
vail par des récompenses ou des punitions, s[es]
dignes parents n'eurent qu'à la modérer. Au[s-]
sitôt, qu'en sa qualité d'externe, elle reven[ait]
de classe, au lieu de se livrer aux amusement[s]
qui d'ordinaire, ont tant de charmes pour [le]
jeune âge, elle s'occupait immédiatement d'étu[-]
dier ses leçons et de faire ses devoirs. Anime[e]
de pareilles dispositions, remplie, d'une part, d[e]
l'amour du travail, favorisée d'autre part, d'un[e]
belle intelligence, il n'est pas étonnant que not[re]
chère élève de Fontevrault obtint de véritable[s]
succès dans ses classes. Elle n'avait que dix an[s]
et elle suivait déjà avec honneur le cours d[e]
troisième. Malgré ces brillantes qualités qu[i]
l'élevaient au-dessus de la plupart de ses com[-]
pagnes et qui étaient de nature à lui inspirer d[e]

la vanité, elle fut toujours d'une édifiante humilité, et ces mêmes compagnes, au lieu de la jalouser, l'aimaient au contraire de tout leur cœur.

Mais si les progrès de notre chère enfant, dans les voies de la science, furent rapides et considérables, son avancement dans les voies de la piété fut encore plus merveilleux. Son âme se sentait déjà portée avec ardeur vers le Dien au service duquel elle devait plus tard se consacrer, et elle priait avec une dévotion peu ordinaire aux enfants de cet âge. Chose digne de remarque, la jeune Anastasie, à peine âgée de douze ans, faisait ses délices de la lecture des Psaumes de David, et elle éprouvait une contrariété visible lorsqu'elle ne pouvait réciter, tous les jours, les sept Psaumes de la Pénitence. Ne nous est-il pas permis de voir dans ces goûts si rares un indice de la vocation religieuse de notre Mère, et une marque anticipée de son amour pour le chant du saint office.

Notre pieuse élève se sentait tout spécialement attirée vers le Divin prisonnier du tabernacle, aussi était-elle heureuse de pouvoir accompagner sa bonne mère dont la sainte habitude était d'aller, chaque soir, visiter le T. S. Sacrement. A peine avait-elle été capable d'articuler distinctement les paroles de la prière, qu'elle avait été chargée de la réciter chaque soir en famille ; elle s'acquittait de cette douce obligation avec une angélique ferveur et faisait, par là, l'édification de ses vertueux parents.

Une de ses distractions favorites était de parcourir la *vie des saints* du Père Giry ; elle aimait surtout à considérer attentivement les édifiantes gravures qui illustraient l'in-folio mis entre ses mains.

La piété d'Anastasie faisait chaque jour de nouveaux progrès ; elle était, d'ailleurs, continuellement alimentée par les bons exemples qu'elle avait sous les yeux dans la maison paternelle, en même temps que par les sages leçons des excellentes religieuses dont elle fréquentait le pensionnat. Cette piété était non seulement ardente, elle était de plus fort éclairée. A l'âge de huit ans, Anastasie posssédait déjà, et d'une façon remarquable, les principaux éléments de notre sainte religion. Le trait suivant en est une preuve frappante : Un certain personnage s'était, un jour, introduit dans la maison Vergnol, nous ne savons sous quel prétexte ; c'était un de ces émissaires qui colportent, pour vendre et donner au besoin lorsqu'on refuse de les acheter, des livres hérétiques et surtout des évangiles protestants. Au cours de la conversation ce malheureux a l'impudence de déblatérer contre le précepte et la pratique de la confession ; mais la petite Anastasie a tout entendu, elle prend aussitôt la parole et confond si bien l'audacieux colporteur, que ce dernier est réduit au silence et obligé de se retirer tout honteux. Les personnes présentes à cette scène ne savaient qu'admirer le plus dans notre jeune apologiste, ou de sa foi ardente ou de sa vive intelligence. Ce trait nous remet naturellement en mémoire celui cité dans la vie de notre sainte Mère fondatrice, lorsqu'à l'âge de quatre ans, sainte Jeanne de Chantal confondit un hérétique qui niait la présence réelle de Notre-Seigneur dans le sacrement de l'Eucharistie.

Aussitôt qu'elle eût atteint sa dixième année, Anastasie fut appelée à faire sa première communion, elle vit arriver ce beau jour avec une joie sans pareille et elle s'y prépara de tout son cœur. Les anciennes maîtresses de cette pieuse enfant attestent encore que ses dispositions à ce grand acte de la vie chrétienne furent aussi parfaites qu'il est permis de le requérir. Tout nous porte à croire que le divin Maître, en entrant pour la première fois dans cette âme resplendissante de ferveur et d'innocence, lui fit entendre ces douces paroles. « Je suis tout à toi et tu seras toute à moi. » Depuis cette époque, Anastasie fit ses plus chères délices de la très-sainte Communion ; la sainte Eucharistie devait être pour elle le froment des élus et le vin qui fait germer les vierges.

La piété toujours grandissante de leur jeune élève donnait à ses maîtresses un sujet de vive satisfaction, d'autant plus qu'à cette piété venaient s'adjoindre un ardent amour pour le travail et une rare aptitude pour les travaux manuels. Anastasie n'avait encore que onze ans, et elle maniait déjà l'aiguille avec une surprenante dextérité, elle confectionnait toute sorte d'ouvrages, voir même des ouvrages pénibles. Sa maîtresse de travail manuel était sa tante dont nous avons parlé plus haut ; cette religieuse, d'un caractère un peu rude quoiqu'excellent au fond, ne croyait pas devoir témoigner à sa nièce une meilleure affection, qu'en la faisant beaucoup travailler, c'est ce qui explique l'aptitude d'Anastasie pour les travaux dont parle l'Esprit-Saint dans l'éloge de la femme forte. Notre digne Mère conserva jusqu'à la fin de sa vie cet amour et cette habileté pour le travail manuel. En 1874, la ville du Puy, voulant offrir une bannière à Notre-Dame de Lourdes, la communauté fut chargée, pour sa part, de broder au petit point divers médaillons, et ce fut notre Mère, alors Déposée, qui exécuta le morceau le plus difficile.

Dieu veillait manifestement sur cette âme d'élite. Grâce à la protection céleste, Anastasie surmonta les divers obstacles que le démon jaloux suscita pour la perdre. Elle s'était liée d'une étroite amitié avec une compagne de son âge, élève, comme elle, de Fontevrault, mais dont la piété laissait beaucoup à désirer ; aussitôt qu'elle comprit les dangers spirituels que ces rapports pouvaient lui faire courir, elle n'hésita pas un seul instant de les rompre.

Une autre fois elle mit ostensiblement le respect humain sous les pieds en refusant de manger de la viande dans une famille chez laquelle elle avait été invitée à dîner un jour de vendredi.

Cependant, l'éducation d'Anastasie étant terminée, ses parents songèrent à la retirer définitivement auprès d'eux. Ce ne fut pas sans un profond serrement de cœur que la pieuse élève s'éloigna des murs bénis du monastère de Fontevrault, et surtout de ces saintes maîtresses qui, pendant si longtemps, l'avaient entourée de leur maternelle sollicitude. Ce qui contribua à diminuer un peu son chagrin, ce fut l'espérance, de rentrer un jour à Fontevrault pour s'y consacrer à Dieu ; dans le secret de son cœur et sous l'inspiration du Ciel elle avait déjà formé le dessein d'embrasser la vie religieuse. Mais ce n'était pas à Fontevrault que le Seigneur l'appelait, nous verrons bientôt par quelles circonstances providentielles notre Mère fut conduite vers notre béni monastère de la Visitation Sainte-Marie, du Puy.

Retirée au sein de sa famille, Mlle Anastasie conserva ses habitudes de piété, et donna à ses chers parents de nouveaux et continuels témoignages de satisfaction. Le monde, sans doute, ne laissa pas que de faire briller à ses yeux le mirage des plaisirs trompeurs, et de faire résonner à ses oreilles la voix perfide des louanges, mais, grâce à sa fermeté de caractère, elle sut résister à ces diverses séductions. On ne put jamais obtenir d'elle qu'elle prît même la plus légère part aux fêtes mondaines ; par contre, elle faisait ses plus chères délices des fêtes de notre sainte religion, et on était assuré de la rencontrer dans les diverses chapelles de la ville de Brioude, chaque fois qu'il y avait quelque cérémonie ou quelque prédication. Tandis que les jeunes personnes de son âge cherchaient, pour la plupart, des distractions au milieu du monde, Mlle Vergnol se faisait un bonheur de se dérober à tout et à tous pour courir vers les maisons du Seigneur. C'était là qu'elle aimait à savourer à satiété ses grands désirs de vocation religieuse, et à méditer sur le bonheur de se consacrer un jour d'une manière définitive au service de Celui que l'amour retient prisonnier dans les saints tabernacles. C'était vers la chapelle du monastère de Fontevrault qu'elle aimait, de préférence, à diriger ses pas ; parfois même elle s'y attardait au point de causer de l'inquiétude à ses parents.

Mlle Anastasie continuait à goûter les charmes de la vie de famille et surtout la douce joie que procure le service de Dieu, lorsque la mort vint tout-à-coup lui ravir son bien-aimé père et la plonger dans le plus inconsolable des deuils. C'était en l'année 1849, le cœur de la pauvre enfant ressentit cette cruelle perte au-delà de tout ce qu'on peut exprimer ; ce cœur était, en effet, par nature, si aimant et si sensible, que les pensées de la foi et de soumission à la volonté de Dieu purent seules adoucir un peu l'amertume qui le dévorait.

A la suite de cette épreuve, l'état de la

famille Vergnol subit quelques modifications et Mlle Anastasie dut reprendre le chemin de Fontevrault et rentrer au pensionnat, non pour y tenter un premier essai de vie religieuse, mais pour y perfectionner ses premières études. Elle avait alors seize ans. Celle d'entre ses maîtresses à laquelle Anastasie avait plus intimement ouvert son cœur, a eu la gracieuse obligeance de nous donner quelques précieux détails sur la conduite de sa protégée durant son second passage à Fontevrault. Nous ne pouvons résister au désir de citer textuellement les paroles de Mme Aubert, elles nous font connaître, sous un jour non moins vrai que beau, celle qui, dans une année à peine, viendra frapper à la porte de notre monastère :

« Le Seigneur, nous écrit-elle, qui s'était choisi notre bonne Anastasie, la marqua de son sceau divin. Avec lui, il voulut qu'elle cheminât chargée de sa croix. C'est sur le mont du Calvaire, aux pieds de Jésus crucifié, que cette jeune âme, cette âme d'élite grandit et se développa. Dans la plus grande intimité, dans les plus filials épanchements, cette chère enfant, alors âgée de seize ans, répondait à mon affection maternelle, à la part si sincère que je prenais à ses douloureux déchirements, à ses terribles dou-

leurs, et aux consolations que mon cœur cherchait à lui prodiguer, oh! comme alors je sui-
vais avec admiration l'action de la grâce sur
cette âme! Quel ravissant souvenir j'en con-
serve! Combien de fois ses sentiments, empreints
des plus hautes vertus, ont-ils été pour moi, dans
la suite, des leçons dont j'ai été heureuse de me
faire l'application dans les amertumes, hélas! si
fréquentes dans le chemin de la vie. »

Nous avons dit précédemment que Mlle Anastasie avait repris ses travaux classiques pour
perfectionner ses études, nous devons ajouter
qu'un brillant succès couronna ses efforts
et fut la juste récompense des soins que ses
pieuses et intelligentes maîtresses avaient pris
pour compléter son instruction. Sur ces en-
trefaites, elle se rendit à Saint-Paulien, chef-
lieu de canton du diocèse du Puy, où résidait,
en qualité de vicaire, M. l'abbé Vergnol, son
frère aîné. Anastasie comptait passer quelques
jours seulement auprès de celui qui était pour
elle comme un second père, et rentrer ensuite à
Fontevrault pour n'en jamais plus sortir. Son
dessein d'embrasser la vie religieuse paraissait
inébranlable, il y avait si longtemps qu'elle
l'avait formé dans le secret de son cœur;
et dans quel autre monastère que celui de Fon-

tevrault, à Brioude, pourrait-elle mieux le réaliser ? Son cœur n'était-il pas à Fontevrault ? N'y avait-il pas là des bras déjà ouverts pour la recevoir ? Humainement parlant, il semble que des motifs d'une gravité exceptionnelle, pourront seuls la faire revenir sur cette décision. Il n'en est rien ; tout cède devant cette parole à laquelle son frère, qui la prononce, n'ajoute lui-même qu'une médiocre importance : « *Tu pourrais aussi bien faire une Visitandine qu'une religieuse de Fontevrault.* » Mlle Anastasie accepte immédiatement cette proposition et se met en mesure de la réaliser. Dans sa foi simple et naïve, elle regardait la parole de son frère comme une manifestation de la volonté divine, et ce qui nous porte à croire que c'était bien là sa conviction intime c'est qu'elle n'ignorait pas qu'en quittant Fontevrault elle devrait imposer à son cœur le plus cruel des sacrifices et occasionner à ses maîtresses le plus vif et le plus légitime désappointement. Mme Aubert a bien voulu nous raconter elle-même les tristesses mutuelles de cette séparation :

« L'heure de la séparation, et d'une séparation définitive avait sonné. Nous devions nous quitter pour ne plus nous revoir sur cette terre d'exil. De part et d'autre la désolation fut complète.... Nous avions formé cette chère enfant pour notre Maison, où elle trouvait d'ailleurs ses délices. Mais le divin Maître en avait ordonné autrement, il fallut donc nous incliner devant cette volonté supérieure. Présent à cette scène de séparation, le R. P. Gury, de si sainte mémoire, dût employer toute sa logique pour tempérer les regrets réciproques et sécher un peu les larmes de chacune. Mais nos cœurs étaient trop vivement blessés pour n'avoir pas saigné longtemps. »

Au chagrin profond de s'éloigner d'un monastère que depuis longtemps elle regardait comme *sa maison*, vint s'ajouter pour Mlle Anastasie, le chagrin plus vif encore de quitter sa bonne mère dont elle était la plus douce consolation ; son excellente sœur qu'elle affectionnait spécialement, et enfin ses trois frères qui, eux aussi, avaient une si grande place dans son cœur ; mais plus le sacrifice fut lourd, plus elle le fit avec générosité par amour pour Notre-Seigneur.

Le monastère de la Visitation, au Puy, avait alors à sa tête notre très honorée Mère Marie-Joséphine Malègue, de douce et sainte mémoire. Ce fut elle qui ouvrit à la jeune postulante, Mlle Anastasie Vergnol, les portes du cloître,

et lui voua, dès ce jour, une affection vraiment .
maternelle. Cette digne Mère n'épargna ni les
soins, ni les témoignages de tendresse, pour
accoutumer sa petite protégée au nouveau genre
de vie qu'elle venait d'embrasser; du reste l'âge
encore tendre de Mlle Anastasie, en même temps
que sa faible complexion, réclamaient quelques
attentions particulières. Cette bonté de notre vé-
nérable Mère Malègue contribua puissamment à
acclimater Mlle Vergnol dans notre monastère
et elle laissa dans le cœur de notre chère défunte
une impérissable reconnaissance. Il nous souvient que peu de jours avant sa mort, cette bien-
aimée Mère nous parlait encore avec amour des
témoignages d'affection qu'elle avait reçus, à
son entrée dans la communauté, de la part de
notre bonne Mère Joséphine Malègue.

L'empressement de notre jeune postulante à
faire tout ce qui lui était prescrit, sa piété
admirable, en même temps que son désir de plus
en plus accentué de la vie religieuse, la firent
admettre sans retard, aux exercices du noviciat
en qualité de prétendante, sous la sainte et
habile direction de sœur Marie-Justine Truchet,
alors maîtresse des novices. Cette très-regrettée
Sœur, dont le souvenir est toujours vivant parmi
nous, se plaisait à nous raconter souvent les

consolations que lui avait procurées Mlle Vergnol, elle ne pouvait tarir en éloges sur sa
piété, son obéissance et son aptitude à prendre
l'esprit de nos saintes règles. Ce témoignage
de haute satisfaction était, du reste, très-légi-
timement mérité ; notre prétendante s'adonnait
toute entière, en effet, à l'étude de nos saintes
règles, et elle s'efforçait, selon le conseil de notre
sainte Fondatrice, « d'ajuster ses inclinations à
ces règles admirables sans jamais ajuster ces
dites règles à ses inclinations » aussi sa fidélité
aux plus légères observances et son exactitude
mathématique à nos saints exercices faisaient-
elles l'admiration générale ; on eût dit volontiers
que la pratique de la règle était devenue, pour
Mlle Vergnol, une seconde nature. De si heureuses dispositions parurent à la communauté,
comme une marque non équivoque d'une vocation
solide et méritèrent à notre chère prétendante
l'insigne faveur d'être admise à revêtir le saint
habit religieux. Ce fut le 13 août 1850 que
Mlle Vergnol reçut avec amour les livrées de la
Visitation, et le nom de sœur Marie-Antoinette.

Son année de noviciat fut marquée par un
redoublement de fidélité à nos saintes observances et une ponctualité plus parfaite dans la
pratique de l'obéissance. Son unique désir était

celui de devenir une sainte religieuse, et à cette fin, elle tirait profit de tout : avis particuliers, recommandations générales, instructions, bons exemples, tout lui aidait à rendre son cœur plus digne de Celui auquel elle voulait le donner sans réserve.

Les enseignements du noviciat se gravèrent si profondément dans l'âme de notre jeune novice, qu'ils furent, jusqu'à la fin de sa vie, présents à sa mémoire ; et il nous souvient de lui avoir vu résoudre, plus tard, certaines difficultés à l'aide des leçons qu'elle avait reçues à son début dans la vie religieuse.

L'année de noviciat, exigée par nos SS. Fondateurs, étant expirée, sœur Marie-Antoinette dût se préparer à la profession, et ce fut le 19 août 1851, qu'elle prononça les saints vœux et se consacra à Dieu d'une manière irrévocable. Elle touchait alors à sa 19ᵉ année ; à partir de cette date bénie elle put s'écrier en toute vérité : « Mon bien-aimé est à moi et je suis toute à lui. »

Notre chère professse était toute entière au bonheur de se voir consacrée à Dieu, lorsque tout à coup l'obéissance vint l'arracher aux douces joies de la vie contemplative. Son intelligence, ses aptitudes pédagogiques, la désignaient

tout naturellement pour un emploi au pensionnat ; aussi notre très honorée Mère Malègue se
décida-t-elle à confier une classe à sœur Marie-
Antoinette, pour l'année scolaire 1851-1852.
Notre bien aimée Sœur, malgré son amour pour
la solitude et les exercices de la règle, obéit
sans laisser échapper le moindre murmure, bien
convaincue que la volonté des supérieures n'est
autre que la volonté de Dieu lui-même. Notre
règle n'étant pas faite pour des religieuses
vouées à l'enseignement de la jeunesse, il est
parfois difficile de faire concorder les exigences
de l'emploi de maîtresse de classe avec la pratique stricte de cette même règle ; toutefois,
notre jeune maîtresse surmonta assez bien cet
obstacle, grâce à son ardent amour pour le devoir, grâce aussi à son esprit méthodique. A
peine avait-elle terminé la classe ou la surveillance, elle courait avec empressement soit aux
réunions de communauté, soit aux exercices de
piété. Elle avait un attrait tout spécial pour le
chant du saint office, et elle n'éprouvait pas de
plus douce satisfaction que celle de dépenser son
excellente voix à chanter les louanges du Seigneur. Ce zèle pour le chant de l'office ne s'est
pas démenti un seul instant de la vie de notre
bien regrettée Mère.

Tandis qu'elle était si jalouse de n'omettre aucun point de la règle, sœur Marie-Antoinette n'apportait pas moins de zèle pour donner le bon exemple aux jeunes âmes confiées à sa sollicitude. Elle les édifiait, entr'autres manières, par sa fidélité à garder le silence et surtout le silence d'après 8 h. 1/2 du soir. Cette heure arrivée, elle ne permettait plus à ses élèves de lui adresser la parole, sauf dans les cas de nécessité.

Le Seigneur se plut à récompenser cette pieuse soumission à nos bien-aiméees règles ; plusieurs, en effet, de nos élèves d'alors, aujourd'hui religieuses, se plaisent à faire remonter l'origine de leur vocation aux bons exemples de leur toute jeune maîtresse.

Sœur Marie-Antoinette avait à peine dix-neuf ans lorsque notre digne Mère Malègue lui confia une classe du pensionnat. Parmi les élèves il s'en trouvait d'aussi âgées qu'elle ; ces dernières l'avaient vue entrer dans le monastère et connaissaient sa grande timidité dont parfois quelques-unes cherchèrent à abuser. Toutefois, grâce à son intelligence distinguée, en même temps qu'à la fermeté de son caractère, sœur Marie-Antoinette ne tarda pas à en imposer aux plus anciennes comme aux plus jeunes pensionnaires, et c'est ainsi qu'elle travailla à l'œuvre de Dieu jusqu'en 1855. A cette époque, notre bien-aimée Mère actuelle, sœur Marie-Alphonsine Boyer était directrice du pensionnat. Les suffrages de la Communauté l'ayant nommée Supérieure pour la première fois, elle confia l'importante charge de directrice à notre sœur Marie-Antoinette ; c'était lui imposer une lourde responsabilité et un nouveau surcroit de travail, mais la jeune maîtresse se mit résolûment à l'œuvre et répondit avec un plein succès à la confiance de sa Supérieure. « C'était, nous a-t-elle dit maintes fois, aux pieds du divin Tabernacle, qu'elle venait puiser en abondance les secours de lumière et de forces qui lui étaient nécessaires. » Elle se sentait dévorée d'un zèle ardent pour l'éducation de la jeunesse confiée à ses soins. Elle considérait les pensionnaires comme un petit troupeau dont elle était la bergère ; à ce titre, elle ne voulait rien négliger pour le bien de ses chères brebis, et elle disait parfois à quelques-unes de nos Sœurs avec l'accent de la plus intime conviction : « Priez pour que je ne sois pas comme le loup au milieu de la bergerie. » Mais il s'en fallait qu'elle fut à l'endroit de ses élèves ce qu'est la bête cruelle à l'égard des agneaux. Sa maternelle sollicitude portait avant tout sur l'âme des

enfants, elle était avide de les former à la vertu
et de leur inspirer surtout l'amour de l'innocence. Sachant que la meilleure des influences
est celle du bon exemple, elle s'appliqua à
paraître constamment une bonne et sainte religieuse, et Dieu seul connaît les admirables
résultats obtenus par une maîtresse qui cherche,
avant tout, à répandre autour d'elle le parfum
exquis des vertus monastiques. Le surcroit de
travail ne put modérer dans notre intrépide
directrice l'amour pour le chant de l'office ;
malgré ses heures de classe ou de surveillance,
malgré les efforts de voix que nécessitait son
emploi, elle s'industriait toujours de façon à
pouvoir se rendre au chœur et offrir au divin
Maître le sacrifice de louanges dont parle le
Prophète royal (Ps. 115, v. vii.) Une telle
générosité, jointe à l'accomplissement exem-
plaire de nos saintes règles, mérita à notre
bien-aimée Sœur la faveur que le ciel accorde
aux âmes d'élite, à savoir une part aux souffrances du Cœur de Jésus. A cette époque de
sa vie, en effet, sœur Marie-Antoinette fut
assaillie par la plus rude des épreuves, les
peines de conscience. Ses tourments intérieurs
se traduisaient à divers intervalles par une
abondance de larmes qui faisait peine à voir.

Un rien quelquefois, une simple imagination suffisaient pour jeter un trouble affreux dans cette âme si candide. Sa délicatesse de conscience ne connaissait parfois aucune borne, et il fallait alors toute l'autorité de la Supérieure pour la ramener à une appréciation plus exacte des choses. Dieu seul a connu toute l'amertume et l'étendue des souffrances morales endurées par notre bien-aimée Sœur durant cette triste période de sa vie. Malgré ses profonds ennuis, à peine connus de la Communauté et complètement ignorés des élèves, sœur Marie-Antoinette ne cessa pas un seul jour de se dévouer à l'éducation de ses chères enfants, et de leur prodiguer ses soins les plus affectueux.

Le divin Maître, satisfait de l'humble soumission avec laquelle notre chère Sœur portait la lourde croix des peines intérieures, jugea enfin le moment venu de l'en décharger. Notre très honorée Mère eut l'inspiration d'exiger d'elle une obéissance aveugle relativement aux tourments de son âme ; celle-ci accéda immédiatement aux volontés de sa Supérieure, ce qui lui mérita la grâce d'être complètement délivrée des peines qui, jusqu'à ce jour, l'avaient torturée. C'est ainsi que Dieu bénit et récompense les âmes humbles et obéissantes ! A partir de cette époque et jusques à la fin de sa vie, sœur Marie-Antoinette, malgré sa délicatesse habituelle de conscience, conserva une grande droiture d'esprit, et ne fut plus tourmentée par de vains scrupules.

Au plus fort de ses peines, notre chère Sœur ne s'était jamais laissée aller au découragement, c'était aux pieds des saints autels qv'elle allait se réconforter pendant le moment que la règle permet de passer dans le chœur. Sa foi ardente, son profond recueillement en présence du divin Tabernacle faisaient l'édification de toute la Communauté. « C'est là, disait-elle, que j'arrange mes petites affaires avec lc bon Dieu ; c'est là encore que je prévois toutes choses afin de faire de plus gros gains pour le ciel ; là enfin que j'étudie les caractères un peu difficiles de quelques enfants afin de pouvoir leur être plus utile. »

L'année 1864 trouva notre chère Sœur livrée toute entière à ses laborieuses fonctions de directrice. Soit qu'il s'agit des travaux du pensionnat, soit qu'il s'agit de l'observance rigoureuse de la règle, son zèle paraissait infatigable. Au mois de mai de la même année, sœur Marie-Antoinette fut nommée assistante de la Communauté, tout en conservant son emploi au pensionnat. Bien qu'elle cumulât deux charges importantes, elle ne négligea aucun des devoirs de l'une et de l'autre. Elle était particulièrement fidèle à rappeler à la Supérieure les différents points indiqués dans le directoire de l'assistante. L'obéissance du soir, une fois donnée, elle s'empressait d'aller visiter les portes de clôture, et c'était toujours avec la même diligence qu'elle parcourait les cellules après *Matines*. Dans l'acccomplissement de ce dernier devoir elle apportait une telle délicatesse qu'on l'entendait à peine marcher ou fermer les portes. A une élève qui lui demandait un jour pourquoi elle faisait si doucement le tour du monastère, elle répondit que notre saint Fondateur aimait sans doute la tranquillité en tout temps, mais qu'il la voulait d'une façon spéciale pendant le temps du grand silence, et là-dessus elle lui cita les paroles mêmes de saint François de Sales.

Un des points de sa charge sur lequel elle aimait à exercer une surveillance plus spéciale, c'était les cérémonies et le chant du saint Office. Elle déploya tout son zèle pour maintenir et perfectionner l'unanimité dans les cérémonies et faire exécuter le chant de la manière indiquée par le coutumier. Elle voulait que dans le chant, il régna non seulement une sage harmonie, mais encore un pieux entrain, et elle était toute rayonnante de joie, lorsque le chœur avait été bien fourni, comme, par exemple, aux offices de Noël. La nature l'avait douée d'une excellente voix, et nous devons constater qu'elle la mit, toute sa vie, largement à contribution, soit pour le chant de l'Office, soit pour celui des Litanies.

Sa grande déférence pour les intentions de notre très honorée Mère et son union avec elle furent aussi, pour la Communauté, le sujet d'une véritable édification. Dans l'autorité de sa Supérieure, elle aimait à honorer l'autorité de Dieu lui-même, c'est pourquoi elle ne lui parlait jamais qu'avec le plus filial et le plus profond respect, et se faisait un bonheur d'aller au-devant de ses moindres désirs.

En sa qualité d'assistante, notre chère Sœur dut mettre à profit, pour le bien de notre maison, son rare talent pour les travaux littéraires; c'est ainsi qu'elle s'occupait très activement de la correspondance de la Communauté; c'est ainsi encore qu'elle se plaisait à composer, lorsqu'on lui en témoignait le désir, diverses poésies et pièces de circonstance pouvant être agréables au prochain. Elle prêtait son concours

pour toutes choses, avec une bonne grâce telle
qu'on l'aurait crue reconnaissante du surcroît
de travail qu'on lui imposait.

Chargée du soin de notre bibliothèque, elle
y entretint l'ordre le plus parfait. Les volumes
étaient toujours à leur place respective en même
temps qu'ils étaient tenus avec la plus exquise
propreté.

En 1867, notre chère Sœur remit sa charge
de première maîtresse à notre très regrettée sœur
Marie - Joséphine Monnier, tout en conservant
néanmoins, le travail de deux classes. La communauté entière admira l'abnégation de notre
défunte Mère en pareille circonstance. Bien
qu'elle ne s'occupât plus de la direction générale
du pensionnat, elle continua à se dévouer toute
entière aux élèves confiées à sa garde et se
montra constamment très aimable et très em-
pressée vis-à-vis de celle qui l'avait remplacée.
Elle fut très attentive à ne jamais contrôler la
ligne de conduite de cette dernière et se con-
forma ainsi aux recommandations si positives
de nos saints Fondateurs à ce sujet. Notre
bonne Sœur, du reste, savait admirablement
mortifier en elle l'esprit de curiosité naturel à
tous les enfants d'Adam ; elle aimait à igno-
rer ce qui se passait autour d'elle, unique-

ment attentive à l'accomplissement de son devoir.

Cette vigilance à éviter autant que possible toute cause extérieure de dissipation, contribuait puissamment à faire régner dans son esprit et dans son cœur une douce quiétude, en même temps qu'elle lui facilitait la pratique de la sainte oraison. Notre digne Mère avait une merveilleuse aptitude et une singulière affection pour cet exercice fondamental de la vie religieuse ; on peut dire que c'était là l'aliment le plus naturel de cette âme si pure et si candide, elle y goûtait des consolations et des lumières dont elle a gardé le secret. Attentive à ne jamais perdre une minute de ce précieux exercice, ainsi que nous le suggère notre sainte Fondatrice, elle était d'une assiduité remarquable aux oraisons extraordinaires des dimanches et des jours de fête. Plus tard, étant Supérieure, sa Charité déplorait amèrement la paresse ou la négligence de celles de nos Sœurs qui ne se rendaient pas au chœur pour ces oraisons : « Quoiqu'elles ne nous soient pas rigoureusement ordonnées, disait-elle, il doit nous suffire que notre sainte Mère ait exprimé son désir là-dessus pour que nous nous y portions avec empressement. »

Le temps réglementaire de la déposition de notre tant aimée mère Marie-Alphonsine Boyer étant arrivé, la Communauté élut pour Supérieure notre chère sœur Marie-Antoinette. Celle-ci accepta généreusement les soucis et les embarras qu'entraine nécessairement avec lui le fardeau de la supériorité, et travailla avec son zèle habituel à l'accomplissement de ses nouvelles et délicates fonctions.

Lorsque notre digne Mère prit en main la houlette qui devait nous conduire d'une manière si sûre dans les voies de nos saintes règles, de terribles évènements venaient de plonger la France dans le deuil et la détresse. On se souvient encore des mortelles inquiètudes qui régnaient dans toutes les maisons religieuses et particulièrement dans l'esprit des Supérieures, auxquelles incombe la sollicitude de chacun des membres du monastère. Plus que personne, notre pieuse Mère sentit vivement le poids de sa charge en ces jours à jamais néfastes de 1870 et 1871 ; mais elle ne perdit jamais la confiance inébranlable dans les promesses du Sacré-Cœur de Jésus, et, quelque sombre que parut l'horizon de l'avenir pour les Communautés, elle était assurée que le loup ravisseur ne pénétrerait jamais au milieu de ses chères brebis. La foi de cette bonne Mère eut raison ; rien ne troubla la tranquillité de notre béni monastère, et nous pûmes continuer, sans interruption, la pratique si consolante de nos bien-aimées règles.

Notre vénérée Supérieure cherchait toujours en Dieu la lumière et la force nécesssaires pour résoudre les diverses difficultés de sa lourde charge ; disposant d'ailleurs toutes choses avec force et douceur, comme le requiert notre Bienheureux Père. Elle usait habituellement d'une sainte hardiesse pour dire à toute la Communauté ou à chaque religieuse en particulier, ce que l'esprit de Dieu lui suggérait ; aussi était-elle énergique pour maintenir les moindres prescriptions de la règle, lorsqu'elle voyait que l'on semblait s'en écarter. Grâce à cette énergie, elle poursuivait avec une pieuse ténacité, ce qu'elle croyait être un bien ou un devoir ; elle voulait que ce devoir, si pénible qu'il put être pour la nature, fut toujours accompli avec une grande gaieté de cœur, ce qui a lieu toutes les fois qu'on recherche uniquement Dieu daus ses actions ; aussi aimait-elle à répéter que le joug du Seigneur n'est jamais pesant pour quiconque le porte avec amour et joie. Notre bien-aimée Mère faisait elle-même chaque jour l'expérience de cette doctrine puisée à l'école de nos saints Fondateurs ; leurs écrits *si forts et si suaves* étaient la nourriture quotidienne de son esprit et le sujet de ses lectures spirituelles. Ce dernier exercice lui était particulièrement cher, et malgré la multiplicité de ses occupations, à certains jours surtout, rarement elle l'omettait. « Une bonne lecture, disait-elle, faite comme il convient, contribue puissamment à entretenir l'union de notre âme avec Dieu et facilite la pratique de la sainte oraison. » Aussi, nous recommandait-elle d'y être toujours fidèles, alors même qu'un surcroit de travail semblerait nous autoriser à la laisser. Quant aux lectures de fantaisie, quoique puisées dans des livres bons en eux-mêmes, elle ne les tolérait en aucun cas. Une de nos Sœurs, fatiguée par divers ennuis, lui ayant demandé un jour la permission de lire un livre qui, tout en lui procurant la distraction dont son esprit avait besoin, devait néanmoins lui être de quelque utilité pour son emploi, notre très honorée Mère parut très affectée et répondit avec sa franchise ordinaire : « Ma Sœur, j'ai eu de plus grandes peines que les vôtres, et lorsqu'il m'a paru nécessaire de m'en distraire par la lecture, je me suis servie de l'*Imitation de Notre-Seigneur Jésus-Christ.* » Là-dessus elle lui développa quelques passages de ce livre béni, lui en fit goûter les beautés et les consolations incomparables, et finalement la convainquit qu'une religieuse ne saurait trouver un soulagement à ses peines qu'en Dieu ou dans les choses qui se rapportent à lui.

A l'Ascension de 1873, la Providence nous ayant replacés sous la direction de notre très honorée mère **Marie-Alphonsine Boyer,** notre chère sœur Marie-Antoinette fut chargée des fonctions si importantes de maîtresse des novices. Dans cette nouvelle charge elle put se livrer, sans qu'aucun souci vint l'en distraire, aux labeurs et aux joies de la vie contemplative, et avancer ainsi vers les saintes sommités de la perfection. Son zèle pour sa petite famille du noviciat ne connaissait point de bornes, tout comme son affection pour ses chères filles. Sachant par expérience combien sont précieux les jours, que la règle exige pour la formation à la vie religieuse, elle ne voulut rien négliger pour la culture des âmes confiées à sa garde vigilante et maternelle. Inspirer aux novices l'amour de leur sainte vocation, leur montrer combien grand était le témoignage d'amour que

Dieu leur donnait en les appelant à sa cour, et partant, comme elles devaient s'efforcer de correspondre aux prévenances divines par une extrême fidélité aux saintes pratiques de la règle, tel était le thème principal de ses entretiens avec nos chères prétendantes. Elle voulait qu'avant tout, elles s'appliquassent à acquérir la piété telle que la requiert notre saint Fondateur, à savoir cette piété solide et aimable dont notre Bienheureux Père restera à jamais un modèle accompli.

Cette piété devait avoir pour fondement nécessaire l'humilité et la douceur ; par la première de ces vertus, elle voulait leur apprendre à aimer Dieu jusqu'à l'oubli d'elles-mêmes, et par la seconde à se rendre toujours aimables à l'égard du prochain. Afin d'obtenir plus facilement des progrès sur ce dernier point, elle ne cessait de leur recommander d'avoir, les unes pour les autres, un profond et affectueux respect, et d'observer constamment les règles de la plus exquise politesse. « Politesse, disait-elle, qui n'est autre chose que la crême de la charité. » Attentive aux moindres détails de la conduite de ses novices, notre pieuse maîtresse ajoutait néanmoins une importance exceptionnelle à leur exactitude pour se rendre aux

exercices du chœur ou de la Communauté :
« Si vous êtes bien fidèles, disait-elle, à partir
aussitôt que Dieu vous appelle, peu à peu les
exercices deviendront votre plus douce, comme
votre unique joie. C'est de plus, ajoutait-elle,
à la suite des exercices fidèlement et ponctuel-
lement suivis, que le divin Maître répand ses
plus abondantes bénédictions. »

Non seulement elle s'appliquait à inculquer
dans l'esprit et dans le cœur de ses chères
novices les enseignements de nos saints Fondateurs, relatifs à la pratique de la perfection
religieuse, elle voulait de plus les rendre utiles,
autant que possible, à la Communauté, en met-
tant à profit les talents de chacune. De toutes,
sans exception, elle exigeait l'amour et la pratique du travail manuel, à l'exclusion de ces
ouvrages de fantaisie qui n'ont d'autre but que
de faire perdre le temps et flatter la vanité.

Nous avons hâte d'ajouter qu'une si maternelle sollicitude était récompensée par les plus
beaux résultats ; les novices, en effet, goûtaient
admirablement les sages avis de leur sainte
maîtresse, et elles considéraient le bon usage
qu'elles en faisaient comme la meilleure reconnaissance pour les soins si tendres dont elles
étaient l'objet.

Les consolations abondantes que recueillait, au noviciat, notre chère directrice, elle les rapportait constamment à Dieu comme à l'auteur de tout bien ; c'était encore aux pieds du divin Maître, prisonnier d'amour dans le saint Tabernacle, qu'elle venait porter les peines et les ennuis qui faisaient le contrepoids à ces mêmes consolations. En face des difficultés de plus d'une sorte, au milieu de circonstances fâcheuses, elle demandait avant tout au Sacré-Cœur de Jésus, le secret de souffrir par amour afin de souffrir d'une manière méritoire, et après avoir ainsi épanché son cœur si simple dans celui du meilleur des Pères, elle s'empressait, avec une confiance toute filiale, d'aller déposer les mêmes confidences dans un autre cœur, celui de notre tant aimée Mère ; et c'est ainsi que, grâce à son esprit de renoncement à elle-même, grâce aussi à son amour de la vie intérieure, sa piété ne souffrit aucun détriment de ce qui aurait pu l'affaiblir pour quelque temps.

Cette piété trouvait comme une source de rajeunissement dans la retraite annuelle, exigée par nos saintes règles. C'était toujours avec une joie nouvelle que notre aimable Sœur voyait arriver ces jours de grâce, de lumière et de restauration spirituelle. Son désir le plus vif

était d'en retirer des fruits salutaires et appro-
priés aux besoins du moment ; aussi laissait-
elle l'action divine s'exercer en elle, sans qu'elle
y mit aucun obstacle, et prêtait-elle une oreille
pieusement attentive à la voix de Celui qui
l'avait appelée dans la solitude.

Cependant si ces jours de la retraite avaient
pour notre regrettée défunte d'ineffables
charmes, ils lui amenaient d'autre part et
périodiquement, pour ainsi dire, leur cortège
d'inquiétudes. Elle nous a déclaré maintes fois
que les deux ou trois premiers jours de la
retraite étaient toujours pour elle d'une
affreuse tristesse, mais ils étaient suivis d'abondantes consolations, le divin Maître la gra-
tifiait de ses plus douces faveurs, alors son
âme se sentait comme toute abîmée en Dieu,
et disposée à se consacrer plus intimement encore à son service ; c'est ce qu'elle nous
apprend elle-même dans les vers suivants
qu'elle composa à la fin d'une de ses solitudes :

Je n'entends plus les vains bruits de la terre
Jésus tout seul vient parler à mon cœur !
Heureux moments ou l'âme solitaire
Oubliant tout, écoute le Seigneur.

REFRAIN.

Je l'ai juré, je te serai fidèle,
O mon Jésus, ô mon Maître, ô mon Roi !
Abrite-moi dans ton cœur, sous ton aile,
Fais-moi goûter le bonheur de ta loi.

De mon Jésus, l'amour tendre et sincère
Remplit mon cœur des plus chastes plaisirs,
Je trouve en Lui l'unique nécessaire ;
Il me suffit, il comble mes désirs.

Tu m'as blessée, cher Epoux de mon âme,
Dans cet exil, je ne fais que languir,
Mais je chéris les ardeurs de ta flamme,
Dans son tourment je veux vivre et mourir.

Le pur amour conduit à la souffrance
C'est un tyran qui ne vit que de mort
Sur ma faiblesse il montre sa puissance,
Et je m'éteins en bénissant son sort.

J'ai tout donné en me livrant moi-même
Au bon plaisir de mon céleste Epoux
Que refuser quand sa bonté suprême
De notre cœur le fait un Dieu jaloux ?

Tout mon attrait est pour le Tabernacle,
Partout ailleurs je suis comme étranger,
Mon doux Jésus, dans ce nouveau Cénacle,
M'ouvre son cœur et je vais m'y cacher.

S'il faut quitter ce lieu de mes délices,
Jésus alors m'accompagne au labeur ;
Sous son regard je vais aux sacrifices
Et pour l'aimer j'aime aussi la douleur.

Pour nous rallier près de Jésus-Hostie
Nous redirons toujours : Fidélité !
Et pour manger souvent le pain de vie
Nous garderons toujours la charité.

Pour conserver sa divine présence
Nous suivrons les exemples du Sauveur :
Humilité, sainte obéissance,
Simplicité, cordiale douceur.

Tels étaient les sentiments de notre édifiante Sœur pendant la plupart de ses retraites annuelles.

Ils nous prouvent à l'évidence qu'elle était vraiment à Dieu et à la pratique des devoirs de la vie religieuse. Son amour pour le Très Saint Sacrement ressort d'une façon pénétrante dans le sixième couplet : *Tout mon attrait est pour le Tabernacle*. La sanctification du travail d'une religieuse occupée à divers emplois est admirablement exprimée dans le septième couplet : *S'il faut quitter ce lieu de mes délices*.

Nous avons eu la bonne fortune de trouver diverses notes écrites par notre Mère bien-aimée après quelques-unes de ses solitudes, nous ne pouvons résister au plaisir d'en donner quelques extraits ; ces brûlantes paroles sont la meilleure des biographies.

A la fin de la retraite de 1862 elle écrit ce qui suit, faisant allusion aux peines et aux délaissements intérieurs dont elle souffre :

« Mon Dieu vous voyez combien je désire vous aimer et vous plaire, mais de quoi me servirait ce désir si vous même, ô mon Dieu, ne le rendiez efficace. Vous voyez mes peines, vous savez combien il y a longtemps que je souffre, combien il y a longtemps que je suis sur la croix. Hélas ! je trouve parfois l'épreuve bien longue et je soupire après la liberté des enfants de Dieu. O mon bon et tendre Jésus, serait-il vrai que les tourments intérieurs que j'endure pussent me conduire à des fins si funestes ?..... Ah ! je tremble en y pensant. Je vous demande de me faire mourir mille fois avant que le malheur de vous perdre m'arrive. Mais qu'est-ce qui pourrait me faire tomber dans un malheur si déplorable ? Ah ! mon Jésus ! il n'y aurait que le manque de confiance. Mais j'espère et je veux espérer sans cesse en votre miséricorde. Vous m'avez soutenue jusqu'ici. Oh ! oui. J'ai eu des jours bien mauvais, des peines bien grandes, et malgré tout j'ai triomphé avec l'aide de votre grâce. Elle ne me manquera jamais, elle sera toujours proportionnée à l'épreuve; oui! la foi me l'assure. Ainsi je ne périrai pas..... Ah! mon tendre Père, il n'en sera rien, je veux en conserver la confiance. Vous savez si mon cœur sent le besoin de vous aimer, et si tous les jours il ne fait pas l'expérience que rien hors de vous ne peut le satisfaire. Non, non, rien, rien, je le sais, je le sens. Ah! laissez-vous donc trouver par mon cœur, ô mon Dieu! ô vous qui m'avez environnée de tant de grâces, changez-moi, faites en moi votre divine volonté. Je m'abandonne toute à vous; mettez-moi où vous voudrez, mais que toujours mon cœur vous aime! Entendez cette demande, ô mon Jésus! Oui, que je vous aime éternellement... Mon Dieu! ou mettez fin à mes peines, ou donnez-moi votre grâce pour les porter toujours dans votre amour. Je conviens avec vous que jusqu'à mon dernier soupir toutes mes respirations, tous mes mouvements et tous les battements de mon cœur, seront autant d'actes de demande et de confiance que vous ne permettrez pas que je vive et que je meure sans vous aimer. »

Les paroles qu'on vient de lire nous montrent sous quel pressoir était le cœur qui les dictait.

Le bon Maître avait toujours soin de consoler les tristesses de sa fidèle servante ; elle écrivait, en effet, à la fin de là même retraite : « Me voici, ô mon Dieu, à la fin de cette retraite où malgré tout ce que j'ai éprouvé de pénible, vous m'avez donné mille preuves de votre amour. Me voici toute consolée, lavée et purifiée dans votre sang précieux. Mon confesseur m'en a donné l'assurance, il a ratifié mes résolutions. Je dois en faire le sujet de mon examen de prévoyance tous les matins et de mon examen de conscience tous les soirs. Voici la teneur de ces résolutions :

« 1° Je me sacrifierai pour bien m'acquitter de mon emploi. Je serai prévenante envers mes Sœurs, surtout envers celles avec qui j'aurai à faire plus souvent. Je ne laisserai jamais, par intérêt personnel, de la peine aux autres pour m'éviter à moi-même une privation.

« 2° Je me rendrai plus familier le désir de plaire à Jésus ; je me tiendrai plus attentive à sa sainte présence. »

Quoique les bornes d'un simple abrégé nous obligent à laisser de côté bien des traits édifiants de la vie de notre regrettée Mère, nous croyons néanmoins pouvoir citer encore quelques extraits de ses notes où se reflètent si admirablement les saints désirs de son âme.

Voici ce qu'elle écrivait à la fin de la retraite en 1863 :

« Je veux sauver mon âme... Je veux servir mon Dieu... Je veux posséder mon Dieu éternellement... C'est là mon unique affaire, tout le reste m'importe peu. Il doit m'être indifférent d'être employée de telle ou telle façon, d'avoir des sacrifices à faire pourvu que je travaille à ma sanctification, pourvu que je contente mon Dieu. Pourquoi donc tant de lâcheté dans le service de ce bon Maître, tant d'omissions dans le bien que je pourrais faire ? Mais c'est maintenant que je commence ; maintenant que, sans me troubler des déceptions qui m'arrivent de la part du prochain, je veux servir mon Dieu sans retour et sans réserve. Oui, mon Jésus, je veux tout tenter pour être à vous, coûte que coûte..... à la clôture de ma retraite je dois déclarer que les grâces ont plu sur moi. Elles m'ont inondée, c'est le mot. Aujourd'hui, 27 septembre, le bon Maître s'est donné à moi dans la sainte Communion. Oh ! que mon bonheur est grand ! qu'il est senti ! Puissé-je ne jamais le perdre par ma faute !... Le Seigneur m'environne de ses miséricordes, sa grâce me touche, elle me presse avec ardeur

de travailler à ma perfection, lui rendant amour
pour amour... Mais quel amour?... Ah! si celui
à qui on a remis beaucoup doit beaucoup, quelle
doit être la sincérité de mon amour pour le
divin Maître? Ah! que je suis résolue de lui
prouver mon amour par ma fidélité et ma générosité! Mes désirs sont vifs et sincères, mais je
dois me souvenir que ma faiblesse est extrême,
l'expérience me le dit assez haut... »

Au sortir de ces jours heureux et trop tôt
finis de la retraite annuelle, notre aimable Sœur
se remettait, avec un nouveau dévouement, aux
travaux du pensionnat. Elle préférait de beaucoup les pieux exercices de Marie aux labeurs
de Marthe, mais elle ne laissait jamais paraître
sa répugnance naturelle pour l'emploi de maîtresse de classe, on eût dit même qu'après la
retraite elle éprouvait le besoin d'aller retrouver
ses chères élèves. Ce n'était pas le travail
qu'elle redoutait, mais bien les privations d'as-
sister à certains exercices, privations inhérentes
à la charge de première maîtresse. Son grand
esprit de foi lui aidait à supporter cette peine.
« Quand je suis privée des exercices réguliers,
écrivait-elle, je me représente que je suis en
journée avec Jésus et Joseph, et que mon salaire
ne sera pas moindre que le ciel. »

Elle avait raison cette pieuse et regrettée Mère ; le ciel est, en effet, le prix de chacun des emplois religieusement accomplis. Ce même esprit de foi lui faisait surmonter, avec une généreuse ardeur, l'extrême sensibilité qu'elle éprouvait à la suite de procédés peu délicats à son égard. « Je sens vivement, écrivait-elle, les froissements de cœur et d'amour-propre ; je me sensibilise et m'en attriste un peu, mais je me console de beaucoup de choses en silence aux pieds de Notre-Seigneur. Assez souvent même j'aime le mépris et l'humiliation parce que cela me donne un peu de conformité avec mon divin modèle (retr. de 1872). » Cette même sensibilité paraissait quelquefois à l'extérieur, mais il n'y avait jamais dans ce cœur, naturellement si bon, la moindre rancune, le moindre fiel. C'était une véritable édification que de lui voir oublier d'une manière si prompte les petites contrariétés qu'elle avait pu rencontrer sur son passage ; bien plus, elle priait de tout son cœur pour le prochain qui exerçait sa vertu. « Après la sainte Communion, dit-elle, j'ai dû réagir contre ma pauvre nature qui a été blessée de quelques paroles peu justes. Il m'a fallu imposer silence à mon imagination et à mon cœur. Enfin, j'ai terminé mon action de grâces en priant pour les personnes qui quelquefois me font souffrir sans le vouloir, je veux le croire. Puis, j'ai prononcé un acte de conformité à la volonté divine, et accepté d'avance toutes les peines qui me viendront de la part du prochain. J'ai promis à mon Dieu le silence pour l'amour de lui. »

Il y avait six ans que cette bonne Mère travaillait avec un zèle infatigable à la direction du noviciat, lorsque, en 1879, les suffrages de la communauté vinrent lui imposer pour la seconde fois le lourd fardeau de la supériorité. Nous la retrouvâmes animée du même dévouement, et de la même abnégation que lors de son premier triennat. Son âme s'était avancée de plus en plus dans les voies du Seigneur, en même temps que son zèle pour la maison de Dieu avait grandi. Il nous souvient encore de ses entretiens généraux à la communauté : avec quel nouvel accent de profonde conviction ne nous excitait-elle pas comme jadis à la pratique de la règle? Avec quelle sainte impétuosité de langage ne nous démontrait-elle pas l'indispensable nécessité d'être fidèles à l'esprit de notre vocation? « Mes chères Sœurs, nous disait-elle souvent, c'est sur la pratique plus ou moins fidèle de la règle que nous serons jugées. » Et elle ajoutait cette parole qu'elle se disait à elle-même dans une solitude : « Nous mourrons seules, ou plutôt seules avec nos œuvres nous paraîtrons devant Dieu. »

Nous ne pouvions nous lasser d'admirer à nouveau la sainte et naïve indépendance avec laquelle cette bien-aimée Mère disait à chacune de nous son fort et son faible ; elle ne savait pas ce que c'est que biaiser quand il s'agissait de corriger un manquement, elle allait toujours droit à son but, sans trop s'inquiéter de la manière dont ses paroles seraient reçues. A cette intrépide fermeté elle joignait toujours, comme le veut notre bienheureux Père, une douce suavité. Sans crainte on pouvait lui dire toutes choses ; les aveux les plus humiliants ne l'étonnaient point, et l'âme se retirait toujours d'auprès d'elle consolée aussi bien que corrigée.

Elle voulait que ses chères filles fussent avant tout des âmes vraiment intérieures ; aussi nous recommandait-elle sans cesse la pratique de l'oraison comme étant le moyen le plus efficace pour atteindre ce but. Nous l'avons déjà fait remarquer, elle ne pouvait supporter qu'aucune d'entre nous se privât, par sa faute, de ce précieux et infaillible moyen de sanctification. Elle affectionnait cet exercice au delà de tout ce qu'on peut dire, et elle se plaisait quelquefois à jeter sur le papier quelques-uns des sentiments qui l'avaient le plus touchée pendant la sainte oraison : « La méditation sur la fin de l'homme, écrit-elle, m'a fort peu impressionné. Est-ce ma faute, ou est-ce parce que depuis quelques années je suis habituellement pénétrée de la futilité et du néant de la créature? Je ne le sais pas. Mais il est vrai que depuis longtemps l'attrait divin me porte à une grande indifférence pour tout le créé et à une grande pureté d'affections.

« La méditation sur les grandes vérités m'a occupée toute entière. Je me suis sentie vivement ébranlée. Je me demandais ce qu'il en était de nos Sœurs dernièrement décédées. Hélas ! comme tout finit à la mort ! ô terre de l'oubli, que de réflexions tu amènes !... ô mon âme, épurons tous nos sentiments, toutes nos inclinations, car rien ne nous suit dans le tombeau : nos œuvres seules nous accompagnent. O heureuse pénitence, heureuses humiliations, à l'heure de ma mort je vous devrai tout mon bonheur..... Si je suis fidèle, ce bonheur sera mon apanage dès aujourd'hui, car Dieu est, dès ici-bas, la récompense de l'âme humiliée et repentante. »

A cette fidélité ardente dans la pratique de

l'oraison, notre pieuse Mère voulait qu'on ajouta
une exactitude irréprochable à chacun des exercices de la journée; elle était l'ennemi déclarée
des dispenses peu justifiées, aussi nous recommandait-elle de ne demander que les permis-
sions absolument nécessaires, et de ne redouter
ni gêne, ni fatigue pour arriver à un parfait
accomplissement de chacune de nos saintes
observances. « Quel bonheur, disait-elle, de
mourir dans l'exercice de la règle, c'est-à-dire
sous son joug. »

Notre bien-aimée Mère nous prêchait encore
plus par ses actions que par ses paroles. Elle se
livrait avec une édifiante régularité à l'exercice
de la lecture spirituelle. « Je retire ce me
semble, disait-elle, autant de fruit d'une lecture
bien faite que d'une longue méditation. » La
lecture pour laquelle elle nourrissait une spéciale
prédilection, c'était, nous l'avons dit précédemment, celle des écrits de nos saints Fondateurs;
elle ne se lassait jamais de parcourir et de
goûter ces pages inspirées par l'esprit de Dieu.
Nous devons même observer que pendant les
deux dernières années de sa vie, elle n'eût
d'autre livre que les Œuvres de sainte Chantal, nouvellement publiées; sa Charité ne savait comment bénir nos chères sœur d'Annecy

d'avoir enrichi l'Ordre de la Visitation d'un si précieux trésor. A l'école de notre sainte Fondatrice, notre fervente Mère ne manquait pas de faire de notables progrès dans le chemin de la perfection; plus que jamais elle voyait le néant des choses d'ici-bas, et le besoin qu'a l'âme religieuse de n'aimer que Dieu seul et de l'aimer sans mesure. En public comme en particulier, elle vivait en la continuelle présence du divin Maître, et s'étudiait à lui plaire dans tous les détails de ses moindres actions et à s'abandonner à son unique volonté.

Plus elle avançait dans ses chères lectures et plus elle apprenait à supporter par amour pour Dieu les diverses contradictions et les diverses épreuves que ce même Dieu se plaît à faire surgir sous les pas des âmes qu'il veut élever à une haute perfection; plus aussi elle dégageait son cœur de toute affection terrestre. Cette bonne Mère éprouvait une véritable peine lorsqu'elle voyait quelqu'une de ses filles trop préoccupée des choses de ce monde parce que, dit notre sainte Fondatrice, « les cœurs qui sont engagés par des préoccupations terrestres, ne peuvent pas jouir à souhait des contentements célestes. » Afin de nous faire éviter cet écueil, sa Charité exigeait que nous fussions promptes à nous retirer de la société des gens du monde dès que les bienséances le permettaient, et attentives à ne jamais rien dire en communauté de ce que nous avions appris au parloir; elle-même ne refusait presque jamais de se rendre auprès des personnes désireuses de lui parler, mais elle ne consacrait que peu de temps à ces entretiens, et avait invariablement soin de se retirer dès qu'un exercice quelconque la réclamait en communauté. Etre toujours à notre tête, c'était là, disait-elle, son devoir et surtout sa consolation, c'était en même temps pour nous toutes une douce joie et un précieux encouragement. Nous étions très heureuses, de travailler au service du divin Maître sous la maternelle direction de celle que la Providence avait placée à notre tête; elle même ne rêvait que notre bonheur et faisait tout ce qui était en son pouvoir pour nous le prouver, son ardeur était infatigable, aucun des devoirs de sa lourde charge ne souffrait le moindre retard, rien donc ne pouvait nous faire prévoir que bientôt nous allions perdre cette bien-aimée Mère.

Nous étions arrivées au mois de septembre 1881, nos retraites venaient de commencer, et, comme d'habitude, c'étaient nos Sœurs du pensionnat qui avaient ouvert la série des solitudes. Notre **Mère** s'employa généreusement au service de chacune des retraitantes, les vit toutes en particulier, et, malgré ce surcroit de fatigue, elle se rendit fort régulièrement à tous les exercices. Nous ne savions comment interpréter cette activité fébrile, avec laquelle elle faisait face à tous ses devoirs. Le dimanche qui se trouva pendant cette retraite, notre courageuse Mère se rendit au chœur à l'obéissance du matin, et après avoir adoré le Très Saint-Sacrement, elle fit l'exercice du Chemin de la Croix avec une ferveur toute extraordinaire. Une de nos Sœurs qui avait aperçu notre Mère derrière les grilles du sanctuaire, se livrant avec tant d'ardeur à ses pieuses habitudes, crut devoir lui témoigner sa surprise de la rencontrer en prière, alors qu'elle avait à diriger dix-huit retraitantes, mais notre Mère se contenta de lui répondre, avec beaucoup de douceur, qu'elle avait eu, dans la matinée, à supporter quelque chose de très pénible et qu'elle n'avait pas cru trouver une meilleure consolation qu'auprès de Jésus souffrant et humilié pour notre amour. Sa Charité ajouta : « Oh ! si vous saviez combien je prie pour les personnes qui me procurent quelque gain pour le ciel, ce ciel où nous allons **à grands pas** ! »

D'autres paroles du même genre s'échap-
pèrent plusieurs fois de ses lèvres ; nous aurions
dû comprendre que cette vierge fidèle était
près d'entrer dans le festin des noces éternelles.

La retraite finie, notre infatigable Mère s'occupa très activement de la rentrée des classes
et tout se trouva organisé pour le 1er octobre.
Jamais rentrée n'avait peut-être été plus complète dès les premiers jours, on eut dit que
nos chères enfants venaient exprès, avec tant
d'exactitude, pour recevoir une dernière bénédiction de cette bonne Mère. Rien encore
jusques-là ne nous faisait présager la dou-
loureuse séparation qui allait nous rendre
orphelines.

Notre Mère, sans doute, n'était pas d'une
constitution très robuste, néanmoins, elle avait
toujours été favorisée d'une santé passable.
Toutefois elle paraissait, grâce à son énergie
de caractère, plus forte qu'elle ne l'était en
réalité ; il ne pouvait, du reste, en être autrement après une vie si active, une vie pendant
laquelle elle n'avait jamais goûté le repos. Ses
forces habituelles avaient visiblement faibli, et
ce n'est qu'en se violentant sans cesse que cette
si dévouée Mère pouvait faire face à ses devoirs
de chaque jour.

Le dimanche 9 octobre, elle profita de la liberté que nous donne la règle pour faire ses dévotions accoutumées et resta au milieu de nous toute la journée. Mais hélas, c'était la dernière fois que ce bonheur nous était accordé ici-bas. A la récréation du soir, en effet, notre Mère éprouvait déjà un malaise qu'il lui fut impossible de dissimuler, si bien, qu'après l'obéissance donnée, elle dut prier notre chère infirmière de lui préparer quelques soulagements. La nuit dût être sans doute fort mauvaise, puisque vers les cinq heures du matin, notre chère Sœur économe entendit de sa cellule, voisine de celle de notre Mère, des plaintes et des gémissements.

Cette bien-aimée Mère, en effet, était en proie à de terribles souffrances, par suite d'un violent point de côté qui lui ôtait parfois la respiration. On appelle aussitôt notre très honorée Mère Marie-Alphonsine Boyer, alors Déposée, qui prodigue à notre chère malade, les soulagements que lui inspire son cœur et sa longue expérience, en attendant la visite de M. notre médecin. Ce dernier arrive en toute hâte, reconnait la gravité du mal, indique des remèdes et nous quitte en nous donnant un espoir qu'il nous a dit plus tard ne pas partager lui-même. Nous passâmes les quatre premiers jours de cette semaine dans la ferme conviction que la maladie de notre bonne Mère, aurait le dénouement favorable sollicité par chacune de nous auprès du Cœur de Jésus, il nous paraissait impossible que ce cœur compatissant n'exauçât pas des prières si multipliées, si ferventes, offertes par des filles chéries pour la conservation des jours de leur Mère bien-aimée. Mais, hélas ! ce divin Cœur voulait exiger de nous le plus douloureux des sacrifices.

Au troisième jour de la maladie de notre Mère, M. le curé de Monistrol-d'Allier, son frère aîné, arriva au monastère, ne se doutant en aucune façon de l'état ou était sa sœur. Un prétexte assez sérieux nous semble fourni par la Providence pour autoriser l'entrée de ce digne ecclésiastique et procurer à notre pauvre malade une satisfaction aussi douce que légitime, mais qu'elle ne fut pas notre édification lorsque nous entendîmes cette vertueuse Mère, refuser de la manière la plus catégorique la visite de M. Vergnol à l'infirmerie. Notre édification était d'autant plus complète que nous connaissions davantage l'ardente affection de notre digne Mère pour ses trois frères, tous trois honorés du sacerdoce et exerçant le saint ministère, deux dans le diocèse du Puy, et le troisième dans la congrégation de Saint-Sulpice, au Grand-Séminaire de Viviers. Jamais nous n'avous vu religieuse aimer les siens plus tendrement que ne le faisait notre regrettée Mère, mais nous devons constater que cette tendresse ne lui fit en aucun cas manquer à son devoir pendant tout le cours de sa vie monastique.

Cependant la maladie qui, depuis quelques jours, plongeait la Communauté dans la plus cruelle inquiétude, semblait ne vouloir rien perdre de sa ténacité ; les souffrances de notre Mère étaient extrêmes, elle ne pouvait trouver aucune position sur ce lit où elle s'agitait sans cesse. Malgré ces funestes symptômes, nous conservions encore de douces espérances, d'autant plus que nos prières s'élevaient vers le Cœur de Jésus, plus nombreuses et plus ferventes, lorsque M. notre médecin vint nous arracher à nos affectueuses illusions en nous déclarant qu'il fallait songer à faire administrer à notre très souffrante Mère les derniers Sacrements.

Notre pieuse malade reçut très bien la proposition qu'on lui fit de laisser entrer M. notre aumônier, non toutefois, sans alléguer sa grande lassitude. « Attendons demain, dit-elle, je souffre trop aujourd'hui pour pouvoir faire ma préparation. » Mais ayant remarqué que ce délai paraissait contrarier un peu nos Sœurs qui étaient autour de son lit, elle ajouta promptement : « Faites ce que vous voudrez, préparez tout. » Elle-même, autant que la violence du mal le lui permit, s'occupa aussitôt de se recueillir en Dieu et de se préparer à la réception des divins Sacrements. M. notre confesseur s'empressa de se rendre à notre appel et vint donner à notre chère malade les secours si précieux de notre sainte religion. Elle reçut le corps sacré de Notre-Seigneur Jésus-Christ, avec cette foi vive qu'elle avait conservée, depuis son enfance, à l'égard du sacrement de l'Eucharistie. Elle demanda pardon à la Communauté, dans les termes les plus humbles et les plus touchants. En entendant cette voix bénie, si profondément altérée par la souffrance, nous fondîmes toutes en larmes et nous vîmes que la mort allait bientôt nous ravir la plus aimée des Mères.

C'était le samedi 15 octobre, en la fête de la Séraphique sainte Thérèse ; les douleurs durant toute la journée continuèrent à être terribles, la malade était tellement fatiguée qu'il lui coûtait même de prendre les remèdes prescrits et elle ne s'y décidait que sur les désirs formels de notre chère Sœur la Déposée ; ces désirs étaient pour elle comme des ordres. « Faisons bien, disait-elle aux Sœurs, chargées de passer la nuit auprès de son lit, faisons bien ce que ma Sœur la Déposée et ma Sœur l'infirmière ont recommandé. Notre sainte mourante s'efforçait encore au milieu des souffrances qui la torturaient de nous donner l'exemple de l'obéissance et de la régularité ; c'est ainsi qu'à l'heure du grand silence, elle refusait de parler ou du moins elle ne disait que très peu de paroles, on la voyait faire de fréquentes aspirations vers le ciel.

La journée du dimanche, 16 octobre, fut marquée par des souffrances plus cruelles encore que la veille. C'était presque un commencement d'agonie, notre malade conservait cependant toute sa présence d'esprit ; elle s'occupait des Sœurs qui l'approchaient, leur faisant signe de s'asseoir, leur disant d'une voix presque éteinte un mot de cordialité. Le matin de ce jour elle recommanda à notre chère Sœur assistante, de ne pas laisser chanter *Tierce* et *None*, alléguant la fatigue des Sœurs et leur petit nombre, vu que plusieurs étaient obligées de rester à l'infirmerie pour l'aider à se lever et à se remettre au lit, ce qu'elle ne cessa de vouloir toute la journée tandis que d'autres se tenaient auprès de notre chère sœur Marie-Catherine qui, elle aussi, semblait toucher à ses derniers moments.

A la récréation du matin nous nous rendîmes toutes, l'une après l'autre, auprès du lit de notre Mère pour recevoir une suprême bénédiction ; sa main défaillante était affectueusement soutenue par notre chère Sœur la Déposée, qui depuis le début de la maladie était auprès de notre bien-aimée mourante. Notre Mère nous reconnut toutes, mais il lui était impossible de nous faire entendre une de ses paroles qui eut fait tant de bien à nos cœurs désolés, et que nous eussions recueillie comme un trésor ; l'extrême lassitude dont elle souffrait ne lui permit pas de suivre l'impulsion de son généreux amour pour ses chères enfants. Cette sollicitude maternelle était toujours bien vive au fond de ce cœur si aimant, et elle nous en donna une preuve sensible, lorsqu'à la fin de la lecture, elle enjoignit à notre chère Sœur assistante d'aller prendre quelque chose avant vêpres, elle et toutes nos Sœurs, « car, disait-elle, il vous serait impossible de chanter l'office. » N'était-ce pas là, au milieu d'atroces souffrances, les tendres préoccupations d'une vraie Mère pour ses enfants ?

Qu'on nous pardonne ces petits détails, les relater nous fait un si grand bien, et ce sera peut-être aussi intéresser les bien-aimées Sœurs de notre saint Ordre, qui liront cette notice sur la vie de notre Mère chérie.

La soirée fut très mauvaise et la nuit suivante extrêmement agitée, cette nuit devait être la dernière étape de notre chère malade avant de toucher au port du bienheureux salut. Vers les quatre heures du matin, notre Sœur la Déposée, voyant que l'état agonisant de notre Mère se prolongeait, eut l'heureuse inspiration de faire appeler M. notre aumônier afin de procurer à notre vénérée moribonde la faveur inestimable de recevoir une dernière fois le corps de Jésus-Christ, qui garde nos âmes pour la vie éternelle. Notre pieuse Mère fit cette dernière communion avec une piété et surtout avec une présence d'esprit qui nous ravit toutes d'admiration. N'était-il pas juste que Celui qu'elle avait tant aimé, tant invoqué, vint à cette heure redoutable, reconforter le cœur de sa fidèle servante. Nous lui proposâmes de retenir M. notre confesseur, après qu'il lui eut administré le Saint-Viatique, mais elle répondit que cela n'était pas nécéssaire. Cette regrettée Mère ne se faisait pas d'illusions sur la gravité de sa maladie, elle comprenait si clairement qu'elle allait bientôt quitter la vie, qu'elle disait en parlant de ses souffrances : « Ce sont les clameurs de l'Epoux »

Aussi ne cessait-elle d'invoquer le très doux nom de Jésus et de renouveler presque à chaque instant le sacrifice de sa vie. Par exception, ou plutôt par une faveur céleste, cette digne Mère qui durant sa course mortelle, avait tant souffert des peines intérieures, conserva pendant toute sa maladie et jusqu'à son dernier soupir la plus parfaite sérénité d'esprit et de cœur. Une demie-heure après avoir reçu la très sainte Communion, notre bien-aimée Mère, entourée d'un grand nombre de nos Sœurs, rendit à Dieu son âme virginale. C'est ainsi que se termina cette vie si bien employée au service du meilleur des Maîtres, vie toute de zèle, de sacrifices, et surtout vie toute consacrée à la pratique rigoureuse de nos saintes règles. Ni nos larmes, ni nos prières n'avaient pu arracher à la mort une si précieuse existence. Notre bienheureuse sœur Marguerite-Marie, dont tout notre saint Ordre célébrait ce jour-là la fête, voulut, sans nul doute, accompagner auprès de Dieu cette autre fidèle amante du cœur de Jésus, et lui montrer le trône réservé aux saintes religieuses.

Puissions-nous, toutes, mériter cette magnifique couronne du ciel, en nous rappelant sans cesse et imitant les vertus de notre très-honorée et affectionnée Mère Marie-Antoinette. — Dieu soit béni !

71